HOMBRE MOSCA
PRES

DINOS

Tedd Arnold

Scholastic Inc.

A mi amigo Wyatt—T.A.

Photo credits:
cover background: Wouter Tolenaars/Shutterstock; cover inset: Marques/Shutterstock; 4: Purcell Team/Alamy; 5: Purcell Team/Alamy; 6: Gary Hincks/Science Source; 7 top: Planetary Visions Ltd/Science Source; 8 top right: Kim Taylor/Warren Photographic /Science Source; 8 bottom: MARK GARLICK/Science Photo Library/Corbis; 8 top left: Walter Myers/Stocktrek Images/Corbis; 9 bottom: Andrew Bret Wallis/Gettyimages; 9 top: Roger Harris/Science Photo Library/Corbis; 10 top right: iStock/Thinkstock; 10 bottom left: Hemera/Thinkstock; 10 top left: iStock/Thinkstock; 10 middle: Mark Boulton/Alamy; 10 bottom right: Ken Cavanagh/Alamy; 10 top middle: Chris Mattison/Frank Lane Picture Agency/Corbis; 11 bottom: John Kaprielian/Science Source; 11 top left: London Taxidermy/cultura/Corbis; 11 top right: Louie Psihoyos/CORBIS; 12 bottom left: Millard H. Sharp/Science Source; 12 top left: Louie Psihoyos/CORBIS; 12 top right: Sinclair Stammers/Science Source; 12 bottom right: Marka/SuperStock; 13: Ken Lucas/Gettyimages; 14 bottom: Scott Camazine/Science Source; 14 top: Craig Brown/Stocktrek Images/Corbis; 15 bottom: LEONELLO CALVETTI/Science Photo Library/Corbis; 15 top: NHPA/SuperStock; 16 bottom: Gabbro/Alamy; 16 top: Stocktrek Images, Inc./Alamy; 17: Louie Psihoyos/Corbis; 18: Daniel Eskridge/Stocktrek Images/Gettyimages; 19 bottom: Craig Brown/Stocktrek Images/Corbis; 19 top: Natural History Museum, London, U.K @ The Natural History Museum/The Image Works; 20-21: Craig Brown/Stocktrek Images/Corbis; 21 top: Aaron Amat/Shutterstock; 22 top: Image Source/Gettyimages; 22 bottom: Friedrich Saurer/Science Source; 23: Roger Harris/Science Source; 24-25 center: Victor de Schwanberg/Alamy; 25 bottom right: Hans Strand/Corbis; 26 top: Louie Psihoyos/CORBIS; 26 bottom: Biosphoto/SuperStock; 27 top right: Louie Psihoyos/CORBIS; 27 top left: Marcel Clemens/Shutterstock; 27 bottom: Linda Bucklin/Shutterstock; 28 bottom: Annie Griffiths Belt/Corbis; 28 top: Pascal Goetgheluck/Science Source; 29 bottom: Louie Psihoyos/CORBIS; 29 top: CORBIS; 30: James Leynse/Corbis; 31 bottom: Smithsonian Institute/Science Source; 31 top: Benedictus/Shutterstock; back cover: Andrew Bret Wallis/Gettyimages.

Originally published in English as Fly Guy Presents: Dinosaurs
Translated by Eida de la Vega

ISBN 978-0-545-93187-8
10 9 8 7 6 5 4 3   16 17 18 19 20
Printed in the U.S.A.   40
First Spanish printing 2016
Book design by Rocco Melillo

Un niño tenía una mosca de mascota. La mosca se llamaba Hombre Mosca. Hombre Mosca podía decir el apodo del niño:

Buzz y Hombre Mosca fueron al museo de historia natural.

—Este museo tiene cosas fantásticas —dijo Buzz—. Aquí hay huesos de dinosaurios.

Hombre Mosca estaba emocionado. Entraron para aprender acerca de los dinosaurios…

PANGEA

Los dinosaurios vivieron en nuestro planeta
hace 250 millones de años, durante la Era
Mesozoica. En ese entonces, toda la tierra
del planeta estaba unida. Esa gran masa de
tierra se llamaba Pangea.

LOS SIETE CONTINENTES HOY EN DÍA

Los dinosaurios vivían por toda Pangea.

Durante millones de años, la tierra se fue separando hasta formar siete continentes.

TRICERATOPS

BRACHIOSAURUS

Los humanos no existían en la época de los dinosaurios. ¡Pero las moscas sí!

¡Los científicos han descubierto 700 tipos de dinosaurios! No todos los dinosaurios vivieron al mismo tiempo.

Por ejemplo, el *Tyrannosaurus* rex y el *Stegosaurus* nunca se encontraron porque vivieron en épocas diferentes.

Los dinosaurios eran reptiles. Los reptiles están cubiertos de escamas.

¡Escamas!

Otros reptiles incluyen a los cocodrilos, los lagartos y las tortugas.

cocodrilo

lagarto

tortuga

Los dinosaurios son parientes cercanos de las aves. Se ve por la manera en que los huesos de sus patas se unen a la cadera.

esqueleto de pájaro

esqueleto de dinosaurio

Todos los dinosaurios tenían escamas, pero algunos hasta tenían plumas, como las aves.

dinosaurio emplumado

FÓSIL DE HUEVO
DE DINOSAURIO

HUEVOS DE HADROSAURIO

NIDO DE
DINOSAURIO

Los bebés dinosaurios nacían de huevos. Algunos huevos eran tan grandes como balones de fútbol. Otros eran pequeños. La mayoría de los dinosaurios ponía los huevos en nidos en el suelo.

NIDO DE DINOSAURIO PICO DE PATO CON CRESTA

ALLOSAURUS

DIENTES DE ALLOSAURUS

Algunos dinosaurios, como el *Allosaurus*, comían otros dinosaurios y animales. Eran carnívoros. Los carnívoros tenían dientes afilados para cazar y masticar la carne.

Otros dinosaurios, como el
Iguanodon, solo comían plantas.
Eran herbívoros. Los herbívoros tenían
dientes planos para masticar hojas.

¿VEGETARIANOZZ?

IGUANODON

DIENTES DE
IGUANODON

DIENTE
PARA
CARNE

DIENTE
PARA
VEGETALES

El *Tyrannosaurus rex* era carnívoro.
El T. rex tenía dientes y garras
afilados. Podía correr rápido y
tenía muy buen olfato.

T. rex

Garras de T. rex

El T. rex medía cerca de 40 pies de largo. ¡Ese es el largo de un autobús escolar!

El T. rex era un gran cazador. Por eso se lo llama "el rey de los dinosaurios".

VELOCIRAPTOR TRAS UNA PRESA

Muchos dinosaurios, incluyendo el *T. rex*, eran depredadores. Cazaban a otros dinosaurios y animales, llamados presas. Los dinosaurios tenían armas para asustar a los depredadores o para cazar presas.

Muchos depredadores,
como el *Velociraptor*,
tenían garras y
dientes afilados.

El *Stegosaurus* era
herbívoro. Tenía una
cola grande con
pinchos para
ahuyentar a los
depredadores.

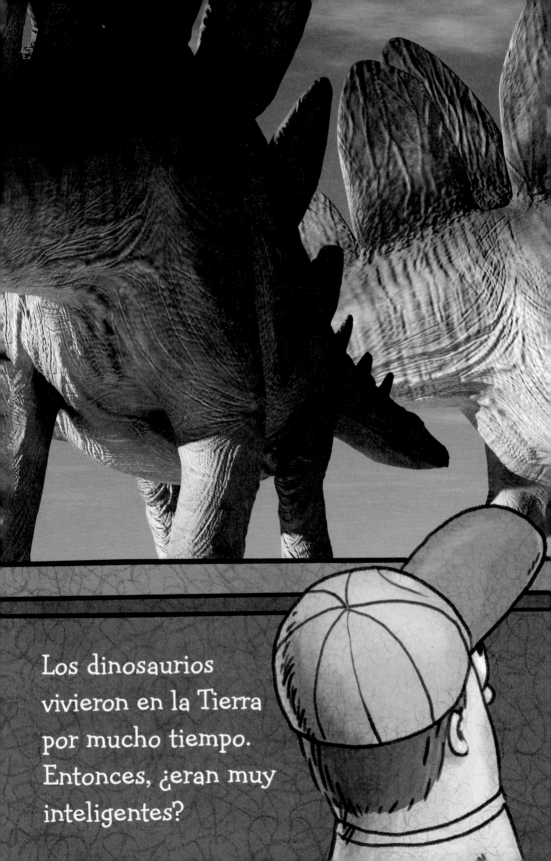

Los dinosaurios
vivieron en la Tierra
por mucho tiempo.
Entonces, ¿eran muy
inteligentes?

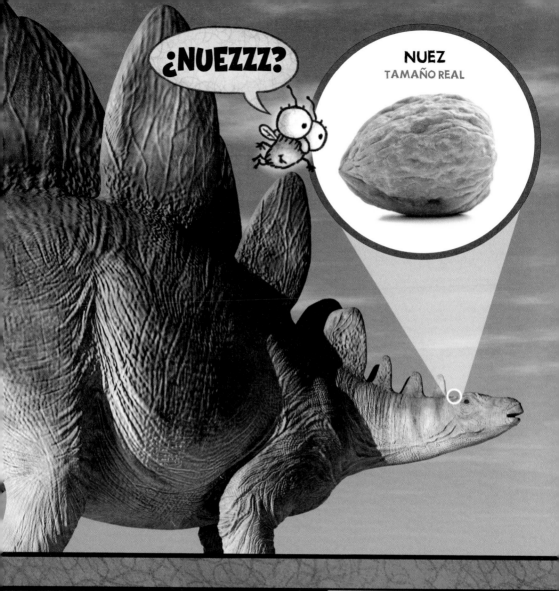

¿NUEZZZ?

NUEZ
TAMAÑO REAL

Sabían defenderse y eran buenos cazadores. Pero la mayoría no era más inteligente que los gatos o los perros. Los científicos creen que casi todos tenían cerebros pequeños. El *Stegosaurus* tenía el cerebro del tamaño de una nuez.

Muchos reptiles que vivieron en la Era Mesozoica no eran dinosaurios. Los dinosaurios sólo vivían en la tierra.

Los pterosaurios eran reptiles voladores. El pterodáctilo era un tipo de pterosaurio.

Pterodáctilos

Pterodáctilo aterrizando

Los plesiosaurios vivían en el agua en la misma época en que vivieron los dinosaurios.

Plesiosaurio

Los pterosaurios y los plesiosaurios no eran dinosaurios.

Los dinosaurios dominaron el planeta por 165 millones de años. Pero hace 65 millones de años todos murieron, es decir, se extinguieron. Los científicos no saben por qué. Algunos

NUBE DE CENIZAS VOLCÁNICAS

piensan que un enorme meteorito chocó contra la Tierra. Otros piensan que una nube de cenizas, producto de una explosión volcánica, bloqueó el sol y dejó a los dinosaurios sin alimentos.

PIE HUMANO JUNTO A UNA HUELLA DE DINOSAURIO

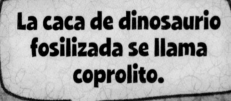

La caca de dinosaurio fosilizada se llama coprolito.

COPROLITO

Los fósiles son los restos de algo que existió hace mucho tiempo.

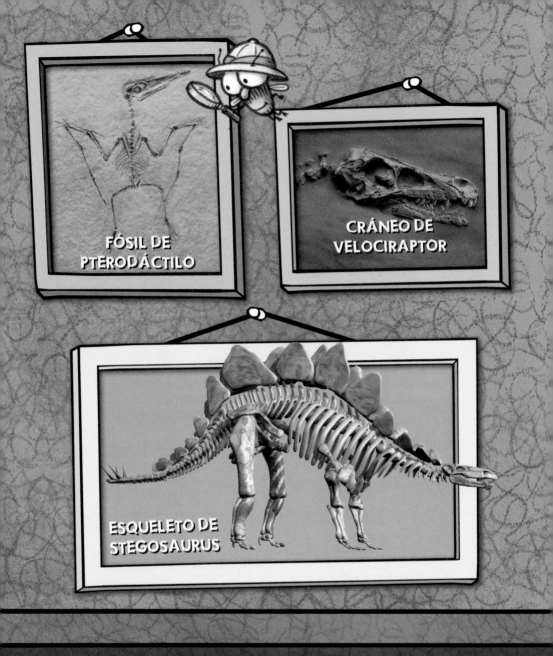

FÓSIL DE
PTERODÁCTILO

CRÁNEO DE
VELOCIRAPTOR

ESQUELETO DE
STEGOSAURUS

Pueden estar en rocas formadas a través de muchos años. Otros fósiles son los huesos de dinosaurios. Los científicos han aprendido mucho acerca de los dinosaurios estudiando los fósiles.

Un paleontólogo es un científico que estudia la historia de la vida en la Tierra.

paleontólogo en el laboratorio

Los paleontólogos emprenden viajes de excavación en busca de huesos de dinosaurios. Cuando los encuentran, reconstruyen el esqueleto.

¡Excavación!

Cada hueso se saca
de la tierra.

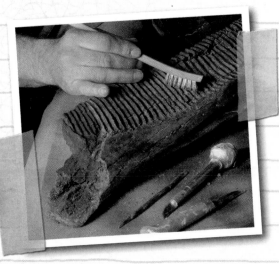

Después, los científicos los arman
como un rompecabezas muy difícil.

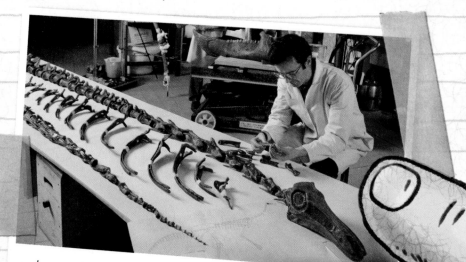

paleontólogo armando un esqueleto de dinosaurio

Los paleontólogos a veces cometen errores...
Un paleontólogo puso el cráneo equivocado
en un esqueleto de *Apatosaurus*. Pensó que
era un nuevo tipo de dinosaurio y lo llamó
Brontosaurus por error.

BISONTE

CRÁNEO DE TRICERATOPS

En 1887, otro paleontólogo encontró un
cráneo en Wyoming. Pensó que pertenecía
a un bisonte extinto. Después supo que
pertenecía a un *Triceratops*.

Cuando volvió a casa, Buzz construyó un esqueleto.

—¡Los dinosaurios son asombrosos! —dijo—. ¡Qué ganas tengo de ir a otra excursión!